La ciencia de la CATÁSTROFE

Desastres causados por el hombre

Steve Parker y David West

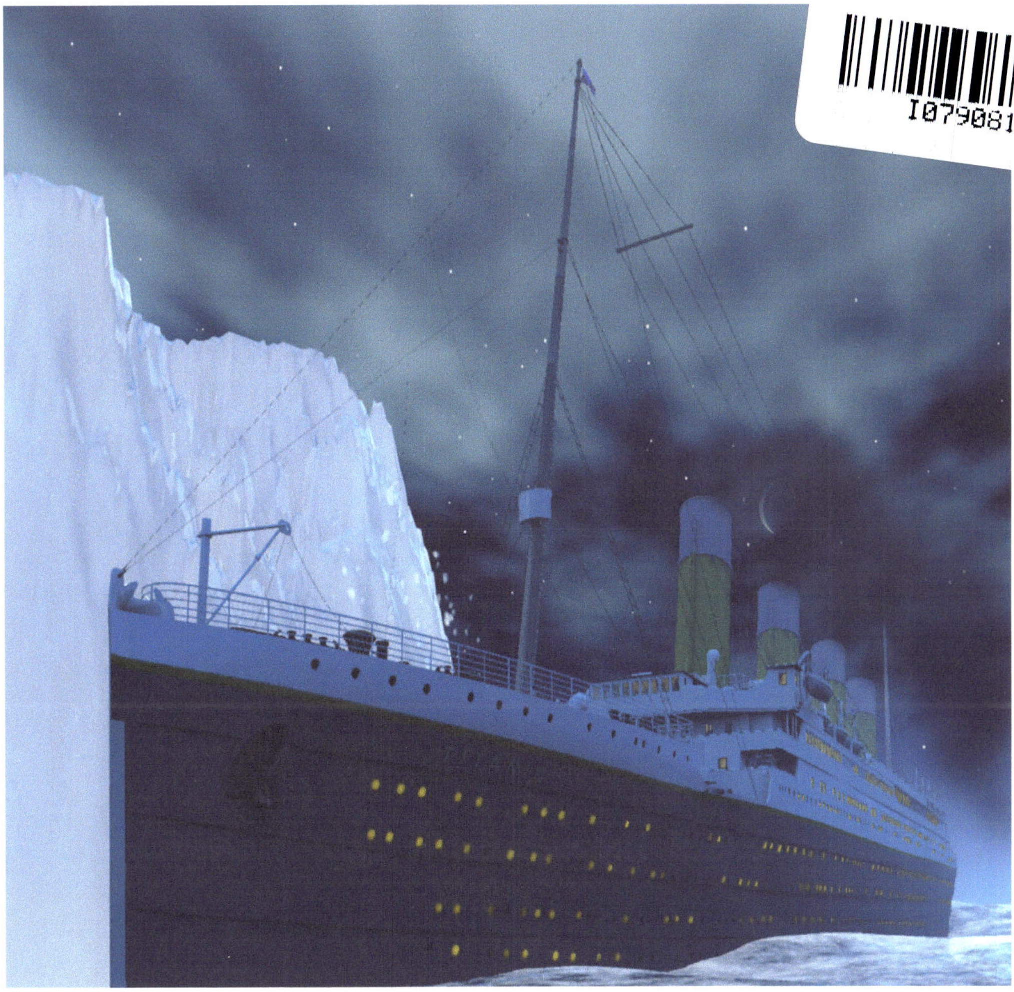

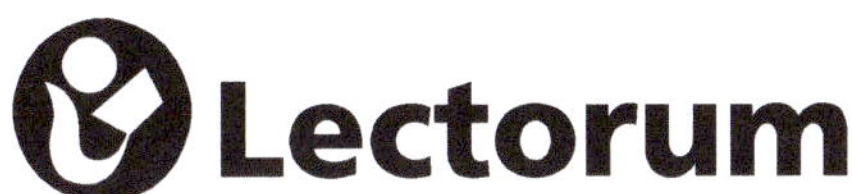

Lectorum

Título de la edición en inglés: *Human-Made Disasters*
© David West Children's Books 2012

Designed and directed by David West Children's Books
7 Princeton Court
55 Felsham Road
London SW 15 1AZ

Desastres causados por el hombre
© Steve Parker y David West, 2013

D. R. © Editorial Lectorum, S. A. de C. V., 2013
Batalla de Casa Blanca Manzana 147 A Lote 1621
Col. Leyes de Reforma, 3a. Sección
C. P. 09310, México, D. F.
Tel. 5581 3202
www.lectorum.com.mx
ventas@lectorum.com.mx

L. D. Books, Inc.
Miami, Florida
ldbooks@ldbooks.com

Primera edición: agosto de 2013
ISBN: 978-1979022552

D. R. © Diseño, portada e ilustraciones: David West
D. R. © Traducción: Silvia Espinoza de los Monteros González

Contenido

La ciencia de las máquinas de vapor

El combustible, ya sea carbón o madera, arde en la caja de combustión (caldera). El humo caliente y los gases de combustión viajan al interior de un conjunto de tuberías llamadas *tubos de humo* o *combustión* dentro de una enorme caldera llena de agua. El agua se calienta a tal temperatura que se convierte en vapor. Este vapor se acumula en la parte frontal de la caldera y después pasa a través de un segundo conjunto de tubos de sobrecalentamiento para calentarlo aún más con una mayor presión. El vapor sobrecalentado fluye a través de las principales tuberías de vapor hacia el interior del cilindro, empujando el pistón en el interior de un lado a otro. El conjunto de bielas convierten el movimiento de un lado a otro, o **mecanismo de movimiento alternativo**, en el giratorio de las ruedas.

En un instante, y casi sin aviso, el tranquilo patio de maniobras de la Southern Pacific sufrió una gigantesca explosión, como si hubiera detonado una bomba. (Representación del artista)

Explosión de caldera

El 18 de marzo de 1912 parecía ser un día como cualquier otro en el patio de maniobras del ferrocarril en San Antonio, Texas. Los trabajadores revisaban y reparaban locomotoras y vagones. Un hombre giró la válvula equivocada en la Locomotora No. 704 y... ¡boom!

La línea de ferrocarriles Harrisburg & San Antonio, en Galveston, padecía la Gran Huelga del Suroeste. Los trabajadores se retiraron del patio de maniobras del ferrocarril de la Southern Pacific, en protesta por los riesgos cotidianos, como el descarrilamiento de vagones, incendios y sobrecalentamiento de las locomotoras.

Algunos "rompehuelgas" fueron traídos desde las ciudades del norte y del este, quienes dejaron una locomotora desatendida, pero con la caldera calentándose. El nivel del agua en su interior disminuyó y el vapor, sin tener una vía de escape, creó una gran presión. Sin darse cuenta, uno de los trabajadores abrió la válvula del agua fría. Entonces, el vapor ya podía escapar, con la fuerza de una enorme bomba. San Antonio fue sacudido como por un terremoto. Los edificios próximos se desplomaron y los vidrios de las ventanas se estrellaron a lo largo de muchas manzanas. Los cuerpos de los trabajadores volaron en pedazos y cayeron por todo el vecindario. La caldera de la locomotora terminó cayendo a tres cuadras. Murieron aproximadamente treinta y cinco personas; diez de ellas volaron en tantas partes, que sus cuerpos no pudieron recuperarse por completo. Otras cincuenta sufrieron espantosas quemaduras y lesiones. Las compañías ferrocarrileras por fin se dieron cuenta de que debían mejorar la seguridad.

La ciencia de la flotación y del naufragio

Un objeto en el agua aparta o desplaza algo de esa agua. Si el agua desplazada pesa más que el objeto, entonces el objeto tiene **flotabilidad**. Si el agua desplazada pesa menos, el objeto se hunde. Los grandes barcos tienen compartimentos herméticos independientes, de tal modo que si en uno o dos de ellos se filtra el agua, continúan flotando. El *Titanic* hubiera flotado con cuatro compartimentos inundados, pero el iceberg dañó seis.

Naufragio de trasatlántico

Quizás la tragedia oceánica más conocida es el naufragio del trasatlántico *Titanic*, después de estrellarse contra un iceberg entre el 14 y el 15 de abril de 1912. Un siglo después, la polémica, acerca de lo que sucedió, por qué y a quién hay que culpar continúa.

Incluso antes de hundirse, el RMS *Titanic* era el barco más famoso de sus tiempos. Era el trasatlántico más moderno en su primer viaje de Southampton, Inglaterra, a Nueva York. Era el más grande, con 269 metros (883 pies) de largo, 52 000 toneladas (47 174 toneladas métricas) de peso y capacidad para tres mil quinientos pasajeros y la tripulación. Y era el más lujoso, con todas las comodidades. Cuatro días después de salir de Southampton, el gran trasatlántico lanzaba vapor a través de las frías aguas al noroeste del Atlántico, cerca de Grand Banks, Newfoundland. Ya había sido advertido de la presencia de icebergs en el área a través de mensajes por radio provenientes de los barcos cercanos. Sin embargo, estos mensajes no pasaron del cuarto de radio al puente del barco (centro de control) y la tripulación no estaba al tanto del peligro. A las 11:40 p. m., uno de los vigías observó un iceberg justo frente a ellos. No había tiempo para cambiar el curso. El impacto fracturó e inundó seis de los compartimentos herméticos del *Titanic*. Los botes salvavidas eran insuficientes para todos los que se encontraban a bordo y los barcos cercanos no respondieron a los señales de emergencia por radio. Dos horas y cuarenta minutos más tarde, el *Titanic* se hundió en las heladas aguas. El número de víctimas fue de 1 513, con setecientos once sobrevivientes que fueron rescatados dos horas después. El desastre condujo a nuevas leyes con respecto al número de botes salvavidas y al mejoramiento de los sistemas de radio en los barcos.

En 1985, los restos del *Titanic* fueron localizados a 3 800 metros (12 450 pies) de profundidad, al fondo del océano, aproximadamente a 600 kilómetros (370 millas) de Newfoundland. Desde entonces ha sido explorado varias veces por sumergibles de grandes profundidades.

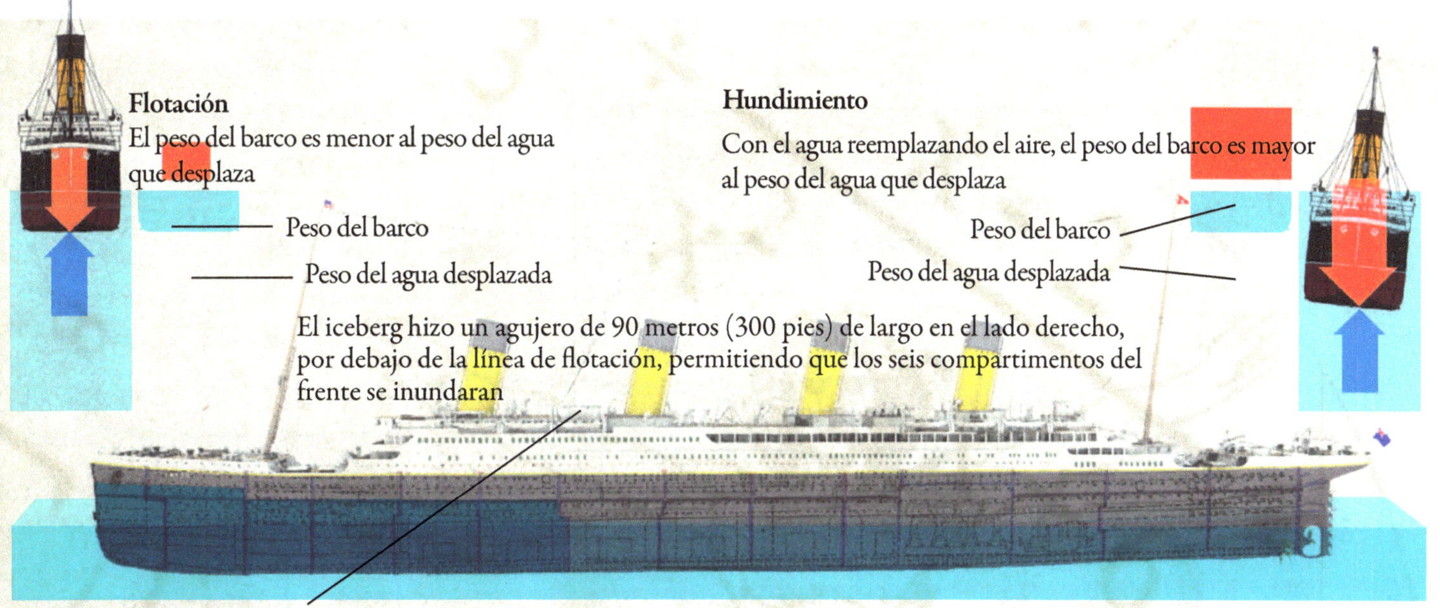

Al Hindenburg *le tomó sólo treinta y siete segundos verse envuelto en una bola de fuego, dejando descubierto sólo su armazón de metal, que se estrelló en tierra.*
(Representación del artista)

Desastre aéreo

Hindenburg, Nueva Jersey, Estados Unidos, 1937

En los años 30, antes de los aviones de pasajeros de larga distancia, los dirigibles eran las "Reinas del Cielo". Esta era terminó cuando el gigantesco *Hindenburg* se estrelló envuelto en llamas al tratar de aterrizar en Lakehurst, Nueva Jersey.

En los años 30, los trasatlánticos demoraban hasta una semana en viajar entre Norteamérica y Europa. A los dirigibles les tomaba la mitad del tiempo, casi con el mismo lujo, y ofrecían fabulosas vistas, si el clima lo permitía. Después de una temporada de exitosos viajes, en 1936, el 6 de mayo de 1937, a las 7:20 p. m., la descomunal "bolsa de gas" de hidrógeno llamada *Hindenburg* aproximó su torre de anclaje a la Estación Aérea Naval de Lakehurst, Nueva Jersey, Estados Unidos. Éste era el "puerto aéreo" local para el área de Nueva York. El clima era malo, con tormentas cercanas. De pronto, la nave se vio envuelta en llamas cuando el hidrógeno se incendio. La causa fue quizás una chispa de **electricidad estática** saltando entre la aeronave y la tierra. De las noventa y siete personas a bordo, trece pasajeros y veintidós tripulantes fallecieron, además de un miembro de la tripulación en tierra. La reacción pública a las terribles escenas implicó que los viajes en dirigibles fueran condenados al fracaso. Muy pronto, aviones de pasajeros, muy seguros, tomaron el control.

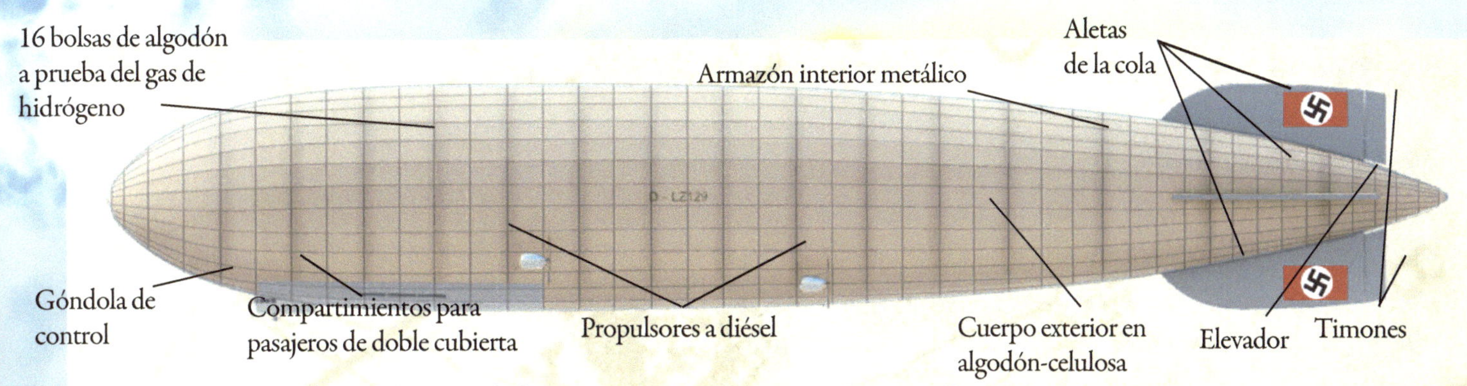

La ciencia de los dirigibles

Los dirigibles se mantienen suspendidos porque están llenos de un gas más ligero que el aire. En la época del *Hindenburg* este gas era el hidrógeno, el cual se incendia fácilmente (las aeronaves modernas, al igual que los globos para fiesta, utilizan helio, el cual no se incendia). Los propulsores daban mayor impulso. En las aletas de la cola, los **timones** se dirigían a izquierda o derecha, con **elevadores** horizontales para ascender o descender. El *Hindenburg* fue más largo que cualquier otro dirigible, con 245 metros (804 pies); más de tres veces la longitud de un moderno Boeing 747 Jumbo Jet. Transportaba sólo setenta y dos pasajeros.

Los trabajadores se apresuran a auxiliar a los mineros que tuvieron la suficiente suerte de escapar después de la explosión en la mina de carbón Benxihu. (Representación del artista)

Tragedia minera

La minería y la explotación de canteras tienen abundantes y trágicas historias de accidentes terribles y pérdida de vidas. El peor desastre ocurrió durante la Segunda Guerra Mundial en la mina de carbón Benxihu, donde murieron al menos mil quinientas personas.

Durante los años 30, Japón invadió parte del norte y noreste de China. Los capataces japoneses obligaban al pueblo chino a trabajar en terribles condiciones de pobreza y enfermedad. Uno de los peores sitios era la mina de carbón Benxihu (alguna vez conocida como Honkeiko), próxima a la ciudad industrial de Benxi. El carbón era necesario para alimentar los hornos y fabricar hierro, acero y otros metales. Durante los años 40, las condiciones para los mineros chinos empeoraron. Eran confinados, golpeados y se les hacía pasar hambre. Los equipos y las medidas de seguridad eran pasados por alto. Con el aire viciado y el ambiente ensombrecido y polvoso, muchos eran obligados a trabajar hasta desfallecer.

El 26 de abril de 1942, una enorme explosión de polvo de carbón y gas irrumpió por los túneles. Para evitar que el fuego se esparciera a otras áreas del lugar, los capataces japoneses apagaron los ventiladores, cerraron los ductos de aire y sellaron las entradas al túnel. En el interior, los sobrevivientes murieron por las quemaduras o sofocados lentamente por el humo. En el exterior, las mallas eléctricas mantenían a los reporteros y familiares lejos, a fin de mantener en secreto la magnitud del accidente. Las primeras cifras contaban sólo de treinta a cuarenta víctimas. Pero poco a poco todo el horror se hizo evidente. Al final, el número de muertos se calculaba en mil quinientos, pero probablemente fueron muchos más.

La ciencia de las explosiones de grisú y polvo de carbón

El grisú es una mezcla de vapores naturales que se trasmina de las paredes de las cuevas, las cavernas y los túneles sobre todo de las minas de carbón. Uno de esos vapores es el metano, el principal gas flamable que se encuentra en el combustible gas natural. El polvo de carbón son partículas diminutas de carbón que flotan y se sedimentan. Como el polvo está rodeado por una combinación de aire y vapores de grisú, se incendia y quema muy rápidamente, como una explosión. En las minas modernas, los filtros eliminan estos peligrosos riesgos.

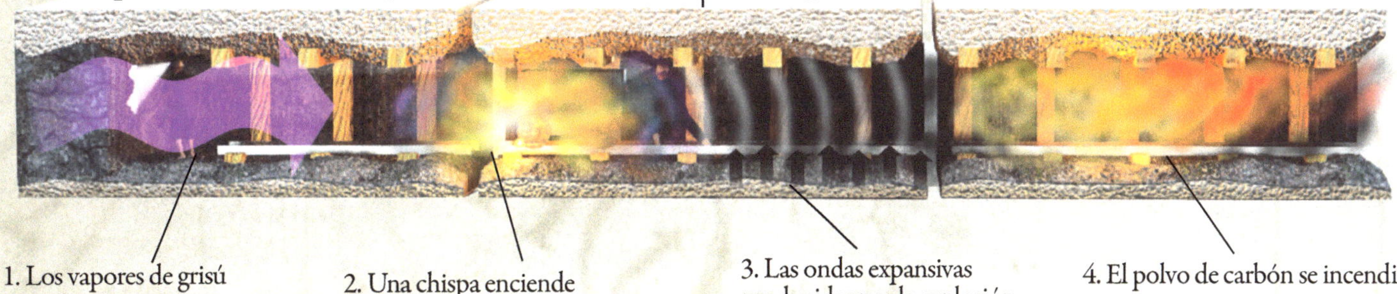

1. Los vapores de grisú se filtran a través de las vetas de carbón

2. Una chispa enciende los vapores, que explotan

3. Las ondas expansivas producidas por la explosión dispersan el polvo de carbón en el aire

4. El polvo de carbón se incendia en una bola de fuego que viaja a lo largo del túnel

Explosion industrial

La peor catástrofe industrial en la historia de Estados Unidos sucedió el 16 de abril de 1947. El puerto marítimo de la Ciudad de Texas, exactamente al norte de Galveston, Texas, casi fue arrasado por una serie de explosiones masivas que cobraron la vida de más de quinientas ochenta personas. Todo comenzó con un pequeño incendio a bordo del antiguo barco carguero *SS Grandcamp*...

El *Grandcamp* estaba cargado con 3 200 toneladas (2 903 toneladas métricas) del peligroso químico nitrato de amonio proveniente de las fábricas Midwest. Transportado en tren a la Ciudad de Texas en sacos de papel, éste fue destinado a Europa para procesos industriales, como la fabricación de fertilizantes y explosivos. Alrededor de las 8:00 a. m., comenzó a salir humo del *Grandcamp*. El origen de este incendio nunca se aclaró. El barco se calentó cada vez más y el agua a su alrededor se evaporaba. Acudió el cuerpo de bomberos de la localidad, así como la gente que observaba desde el muelle. Entonces, ¡BANG!, el químico explotó en un enorme estallido. Hizo volar el barco en mil pedazos y derribó cientos de edificaciones. Los vidrios de las ventanas salieron volando en Houston, a una distancia de más de 65 kilómetros (40 millas). Otras explosiones e incendios comenzaron por toda la Ciudad de Texas, en barcos, muelles y en bodegas donde se almacenaba madera, aceite, textiles y otros materiales **inflamables**.

Nadie conoce el número final de víctimas. Muchos cuerpos fueron destrozados o calcinados por la explosión. Se estima que fueron quinientos ochenta y uno, pero puede haber sido un número mayor no registrado de marinos, indigentes y transeúntes. Más de cinco mil personas resultaron heridas y dos mil se quedaron sin hogar. Este incidente trajo como efecto la creación de nuevas reglas sobre empaquetamiento, almacenamiento y transportación de materiales peligrosos.

La ciencia de las explosiones de productos químicos

El nitrato de amonio es una de las muchas sustancias químicas que se descompone o disuelve produciendo calor y vapores. El mal empaquetamiento permite que los efectos del calor se extiendan. Cualquier tipo de chispa, ya sea que provenga de un equipo eléctrico o por el choque entre dos piezas de metal, puede incendiar el químico. Incluso puede producir tanto calor, que experimenta **combustión espontánea.**

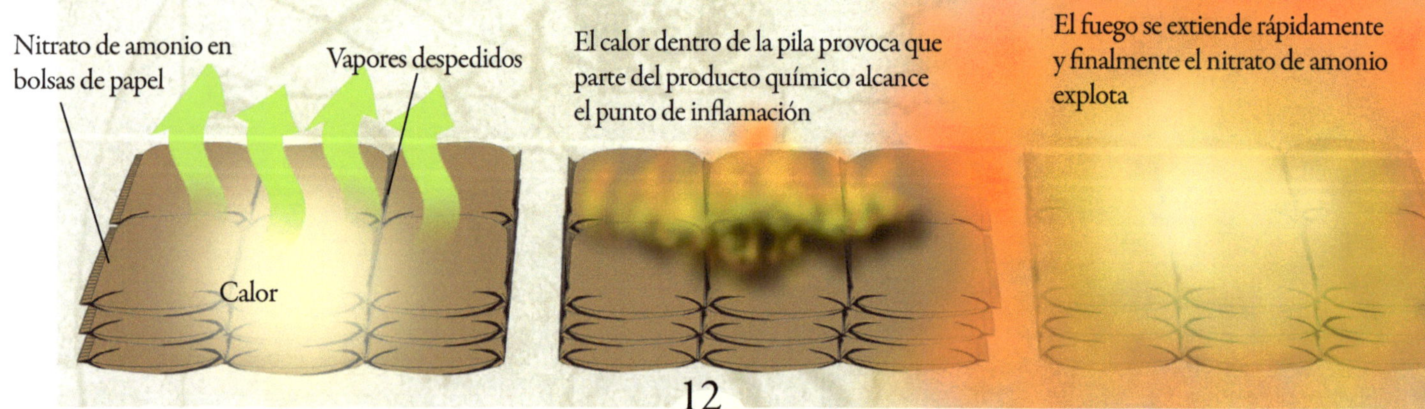

El fuego en el
Grandcamp *empeora*
antes de la explosión.
(Representación del
artista)

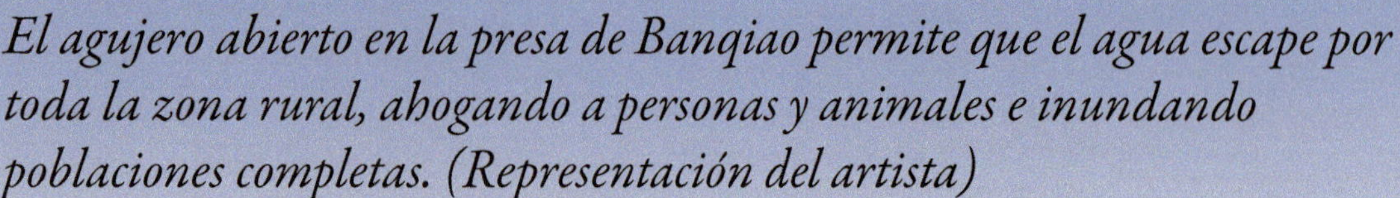

El agujero abierto en la presa de Banqiao permite que el agua escape por toda la zona rural, ahogando a personas y animales e inundando poblaciones completas. (Representación del artista)

La ciencia de las presas

Una presa es una pared o barrera a lo largo de un río o lago para contener el agua. Esta agua se acumula en la parte trasera de la barrera a fin de formar una reserva. El diseño más antiguo es el de tipo dique, en el que la pared es más ancha en la base para soportar la mayor presión del agua en la parte profunda de la reserva. En los valles más angostos, el arco de concreto y el diseño de la cúpula son curvos, a fin de soportar mejor las inmensas presiones. Muchas presas modernas generan energía conocida como hidroelectricidad, a partir de la energía del agua en movimiento.

Colapso de presa

El peor colapso de una presa en el mundo sucedió justo después de la medianoche del 8 de agosto de 1975. Las lluvias extremas provocaron catastróficas fallas a lo largo del río Ru, que pasa por el centro de la presa de Banqiao, cerca de Chumatien, provincia de Henan, China.

La presa de Banqiao era una de las más de sesenta presas en el área. Con un diseño de dique de barro, fue construida a principios de los años 50 para controlar las graves inundaciones y, asimismo, crear una reserva de agua para las temporadas de sequía. Poco después de haberla treminado, y nuevamente en los años 60, aparecieron grietas. Los expertos recomendaban la inclusión de más **compuertas**, pero las autoridades únicamente repararon la presa.

El 6 y 7 de agosto, las poderosas tormentas de tifón arrojaron en sólo dos días una cantidad de agua que generalmente caería en todo un año sobre la región. Los funcionarios locales recomendaban abrir algunas de las presas a través de un bombardeo dirigido desde aeronaves militares. Esto provocaría una inundación, pero de una manera lenta y controlada. Sin embargo, los servicios de telégrafo y teléfono se encontraban fuera de servicio y los mensajes se perdieron. Entonces la presa de Shimantan, río arriba, dio de sí, permitiendo la salida de una enorme cantidad de agua hacia Banqiao. El barro no soportó la presión y se rompió. La excesiva reserva escapó por el agujero y se extendió en una ola de 7 metros (23 pies) de altura y 13 kilómetros (8 millas) de extensión, inundando un área de 55 kilómetros (35 millas). Más de treinta mil personas murieron en las corrientes torrenciales y otras ciento cincuenta mil por la hambruna y la enfermedad que siguieron. Cinco millones de edificaciones fueron derribadas, dejando sin hogar a diez millones de personas.

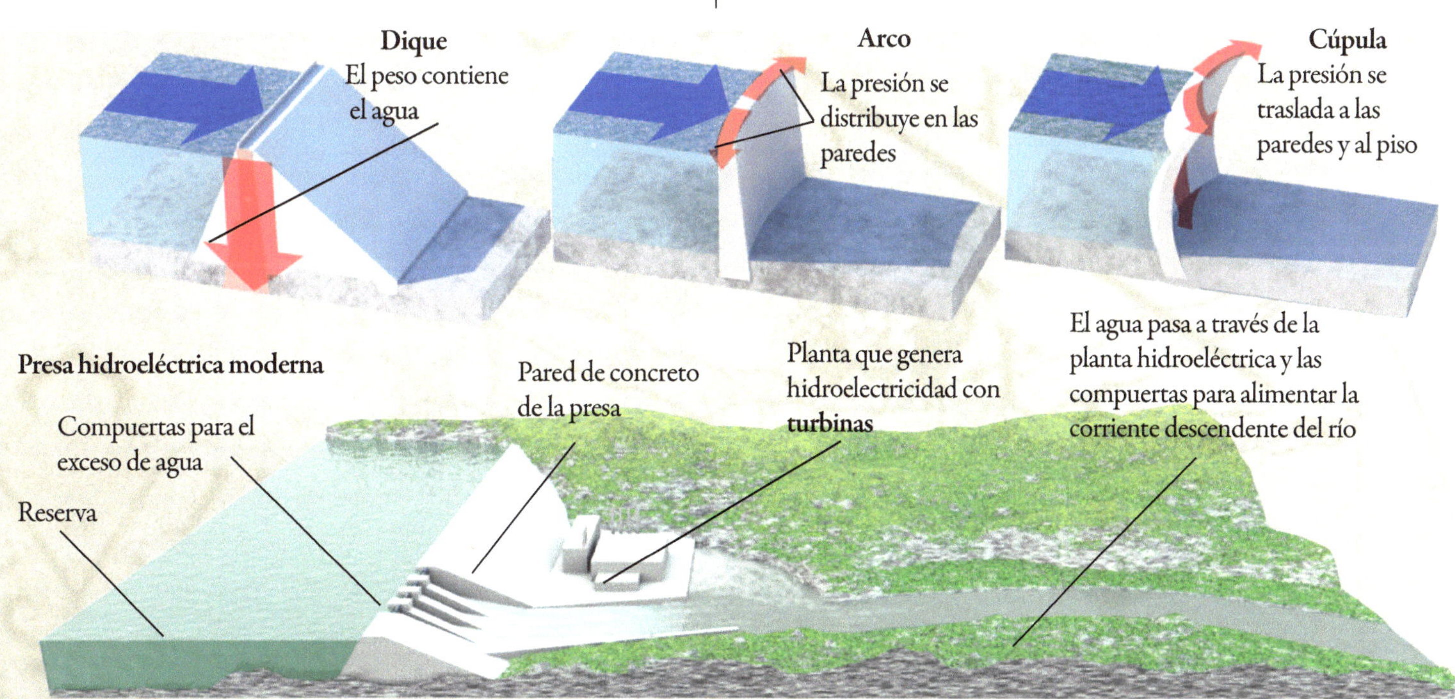

Fuga de gas tóxico

Una de las catástrofes más siniestras es provocada por los invisibles gases tóxicos que flotan en el aire. Para cuando las personas sienten los efectos, sus cuerpos pueden estar muy dañados, como para poder recuperarse. Esto sucedió en la ciudad de Bhopal, capital del estado central indio de Madhya Pradesh, la madrugada del 2 al 3 de diciembre de 1984.

La planta de químicos en Bhopal fabricaba el pesticida **carbaril** para matar insectos y otras plagas dañinas. Una de las sustancias que este pesticida utilizaba era el isocianato de metilo, ICM. Incluso en diminutas cantidades puede provocar tos, problemas respiratorios, dolor en el pecho, daños en la piel y grave irritación de ojos, nariz y garganta. Por ley, al ICM ha sido un producto químico controlado desde hace mucho tiempo, por lo cual requiere de muchas medidas de seguridad. Sin embargo, la fábrica de Bhopal estaba en mal estado, con bombas rotas, tuberías oxidadas, válvulas con fugas y llaves que goteaban. De alguna manera —que aún no se ha aclarado— se filtró agua en un tanque de almacenamiento del ICM. La reacción química provocó que las válvulas de emergencia del tanque se abrieran para dejar escapar los gases a alta presión. Una nube densa de vapores tóxicos se esparció por la ciudad.

Las personas despertaron tosiendo y sofocándose, con escurrimiento de nariz e irritación de ojos. Al salir y encontrarse con los gases, los efectos empeoraron. La nube mortal se mantuvo suspendida durante horas. Más de siete mil personas murieron rápidamente y otras diez mil a lo largo de los siguientes meses y años. Más de cuatro mil sobrevivientes sufrieron graves daños permanentes. Otro medio millón de personas sufrieron algún tipo de daño. Union Carbide pagó casi quinientos millones de dólares por el terrible daño.

La ciencia de la reacción y presión

Los depósitos de productos químicos deben ser claramente etiquetados con su contenido y los riesgos y las acciones a seguir en caso de un derrame o fuga. Los tanques requieren de válvulas de emergencia y rejillas de ventilación que se abran automáticamente en caso de que la presión en su interior aumente, para evitar una explosión, así como sistemas de alarma para advertir de ello. En Bhopal, la reacción química entre el ICM y el agua aumentó la temperatura a 205 grados Celsius (400 grados Fahrenheit) con la acumulación de una alta presión de los gases **tóxicos** que fueron liberados.

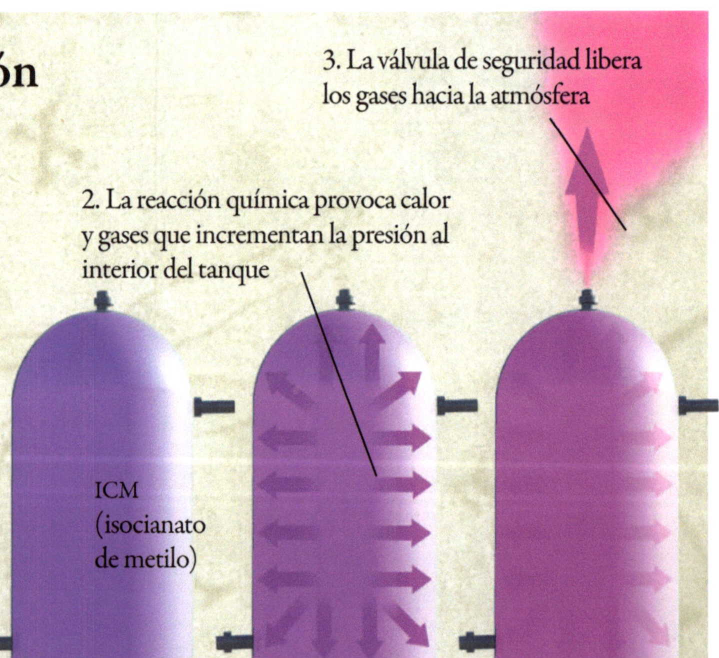

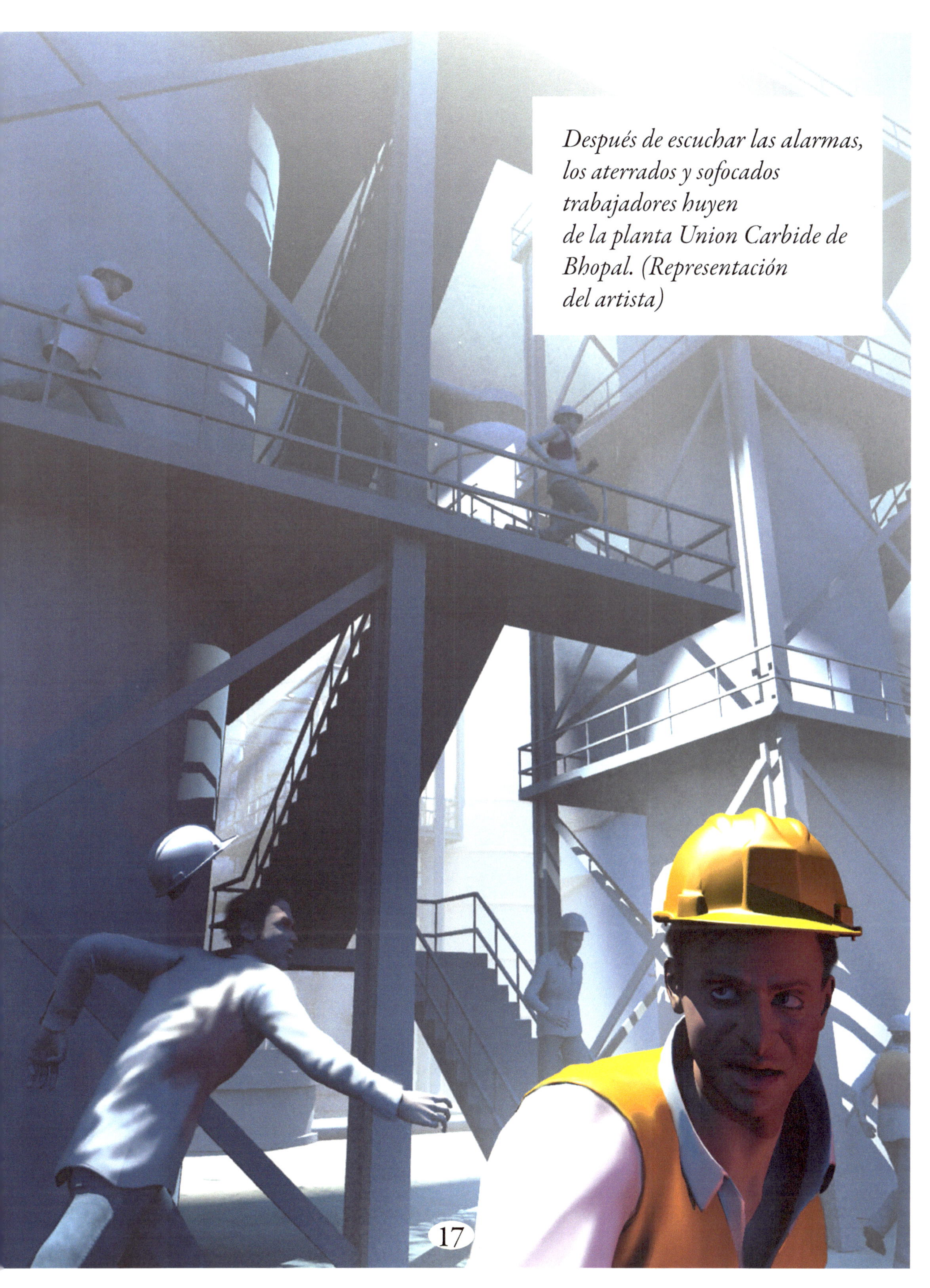

Después de escuchar las alarmas, los aterrados y sofocados trabajadores huyen de la planta Union Carbide de Bhopal. (Representación del artista)

El transbordador espacial Challenger *sale disparado hacia el cielo —pero son sólo momentos antes del desastre. (Representación del artista)*

Explosión de transbordador espacial

Los cinco transbordadores espaciales estadounidenses eran las únicas naves espaciales reutilizables. Muchas veces eran lanzados en órbita, colocaban en órbita satélites y abastecían las estaciones espaciales para regresar de nuevo a la Tierra. Sin embargo, exactamente setenta y tres segundos después de ser lanzado a la 25.ª misión, el *Challenger* fue destruido dentro de una explosiva bola de fuego.

Cada transbordador espacial tenía cuatro partes esenciales. El orbitador o avión espacial de color blanco regresaba a tierra de manera segura y aterrizaba en una pista. El enorme y redondo tanque externo alimentaba de combustible líquido a los tres cohetes propulsores del orbitador durante el despegue, cuando también son disparados los dos cohetes aceleradores sólidos. Los cohetes y el tanque caían al océano mientras que el orbitador seguía su camino hacia el espacio. La mayoría de los cohetes vacíos eran recuperados y reutilizados.

Uno de los cohetes fue la causa del desastre del *Challenger* el 28 de enero de 1986. Después de varios aplazamientos y de un clima inusualmente frío, el Transbordador dejó el Centro Espacial "Kennedy" a las 11:38 de la mañana. Todo parecía estar bien. Entonces, apareció humo entre las secciones del cohete derecho. Se suponía que la unión estaba sellada por fuertes anillos de goma llamados O-rings, pero no habían funcionado. Flamas a chorro salían del orificio en el tanque de combustible líquido. Cuando el cohete giró, rompió el tanque de combustible, de tal manera que sus dos líquidos, el **propelente** y el **oxidante** podrían mezclarse e incendiarse. Llamas explosivas envolvieron el transbordador. El orbitador se desprendió, pero la poderosa cabina de la tripulación se mantuvo en una pieza. Cayó como una piedra durante dos minutos, cuarenta y cinco segundos, y cayó de golpe sobre el Océano Atlántico. La tripulación, posiblemente aún con vida hasta ese punto, no tenía la más mínima oportunidad de sobrevivir al impacto. El 9 de marzo, los restos de la cabina de tripulación y los cuerpos de los astronautas fueron llevados a la superficie desde el fondo del mar.

La ciencia de los cohetes y los combustibles

Los dos cohetes aceleradores sólidos se encendieron al momento del despegue durante dos minutos y seis segundos. Una vez encendidos, su combustible en forma de pastel ardía a un ritmo preestablecido, sin que fuese posible apagarlo, al igual que un cohete de fuegos artificiales. Los gases calientes y a una elevada presión provenientes del fuego salían por la parte posterior, impulsando el cohete hacia adelante. En la misión del *Challenger*, el frío había endurecido los anillos de goma, O-rings, localizados entre las secciones del cohete. Asimismo, los fuertes vientos después del despegue hicieron girar el cohete y tensaron estas juntas. Los gases calientes y las llamas pronto escaparon a través del orificio.

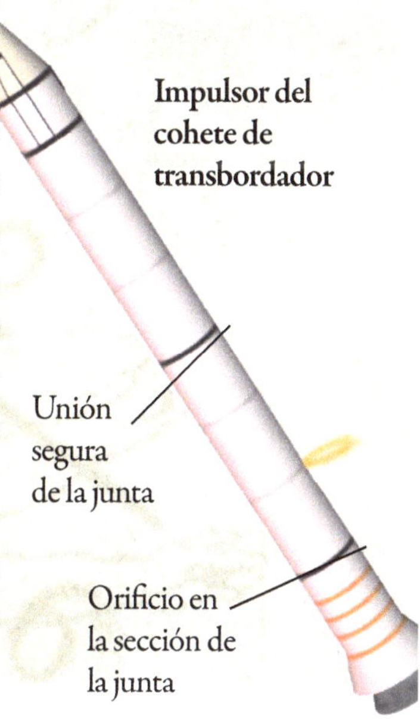

Accidente nuclear

A diferencia de los incendios o inundaciones, nadie puede ver o, incluso, sentir la nociva radiación, hasta que gradualmente provoca náuseas, quemaduras y otros daños mortales. Esto es lo que sucedió en el peor accidente nuclear del mundo que tuvo lugar el 26 de abril de 1986.

La planta de energía nuclear de Chernobyl estaba localizada al noreste de Ucrania, cerca de la frontera con Bielorrusia. Cuatro reactores nucleares producían más de cuatro mil megawatts de electricidad, suficiente para abastecer un millón de hogares. En ese día fatal, los ingenieros realizaron una prueba en el reactor número 4. Cerraron el abastecimiento del vapor de alta presión para el generador de turbina, para ver si, al cerrarlo gradualmente, aún podía proveer suficiente electricidad para encender las bombas de agua de enfriamiento del reactor. Este sistema podía ser utilizado en caso de que fallaran los generadores de diésel de emergencia, los cuales hacían normalmente el trabajo. Pero cuando la turbina disminuyó su potencia, el agua de enfriamiento comenzó a burbujear y a hacer efervescencia. Esto disminuyó su efecto de enfriamiento, el reactor se calentó, su potencia de salida se elevó, el agua de enfriamiento burbujeó todavía más y así sucesivamente. De manera accidental, un joven ingeniero presionó un botón para insertar todas las **varillas de regulación** del reactor. Esto provocó una sobrecarga aún mayor. El núcleo se sobrecalentó, el vapor escapó y entonces hubo una segunda gran ex-

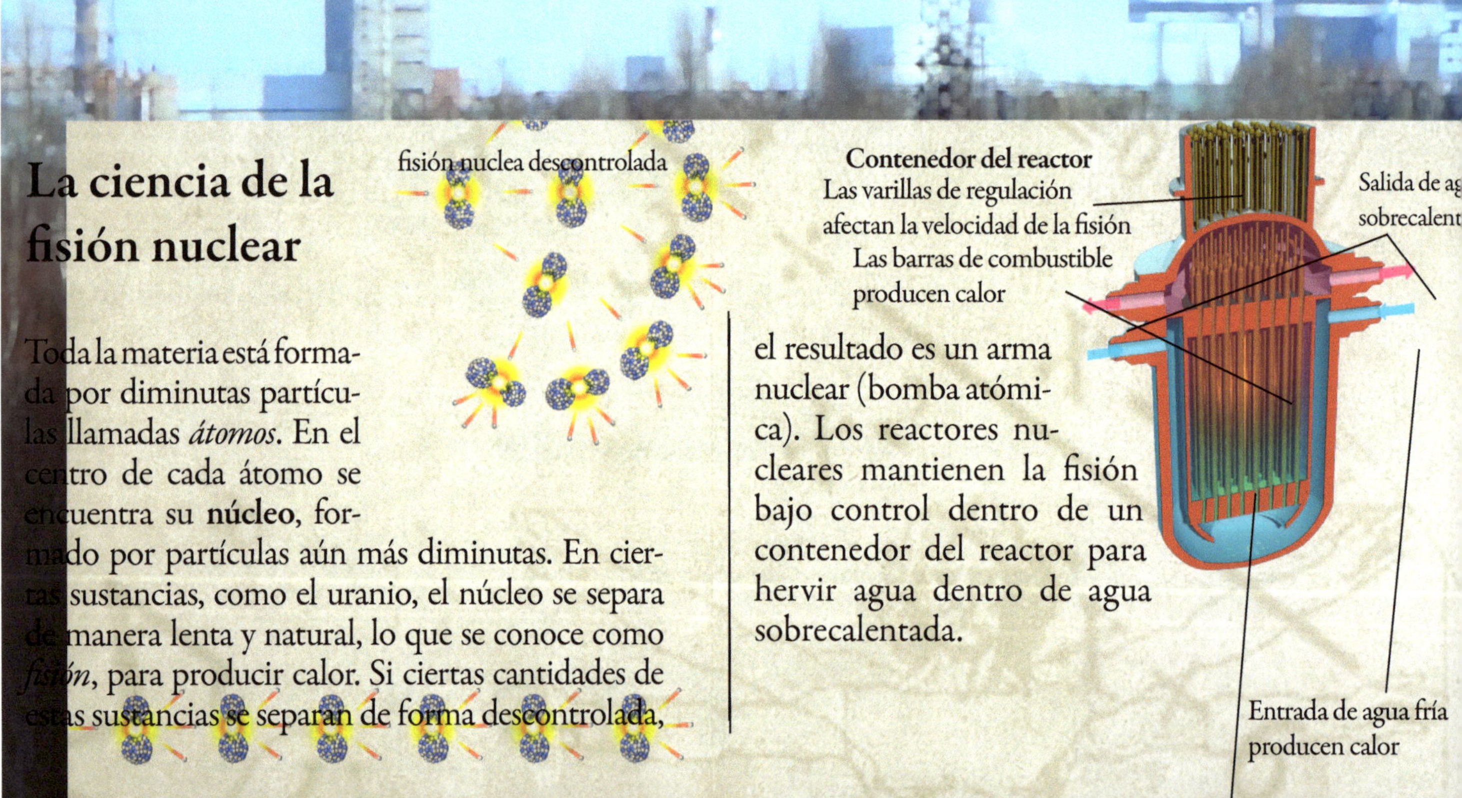

La ciencia de la fisión nuclear

Toda la materia está formada por diminutas partículas llamadas *átomos*. En el centro de cada átomo se encuentra su **núcleo**, formado por partículas aún más diminutas. En ciertas sustancias, como el uranio, el núcleo se separa de manera lenta y natural, lo que se conoce como *fisión*, para producir calor. Si ciertas cantidades de estas sustancias se separan de forma descontrolada, el resultado es un arma nuclear (bomba atómica). Los reactores nucleares mantienen la fisión bajo control dentro de un contenedor del reactor para hervir agua dentro de agua sobrecalentada.

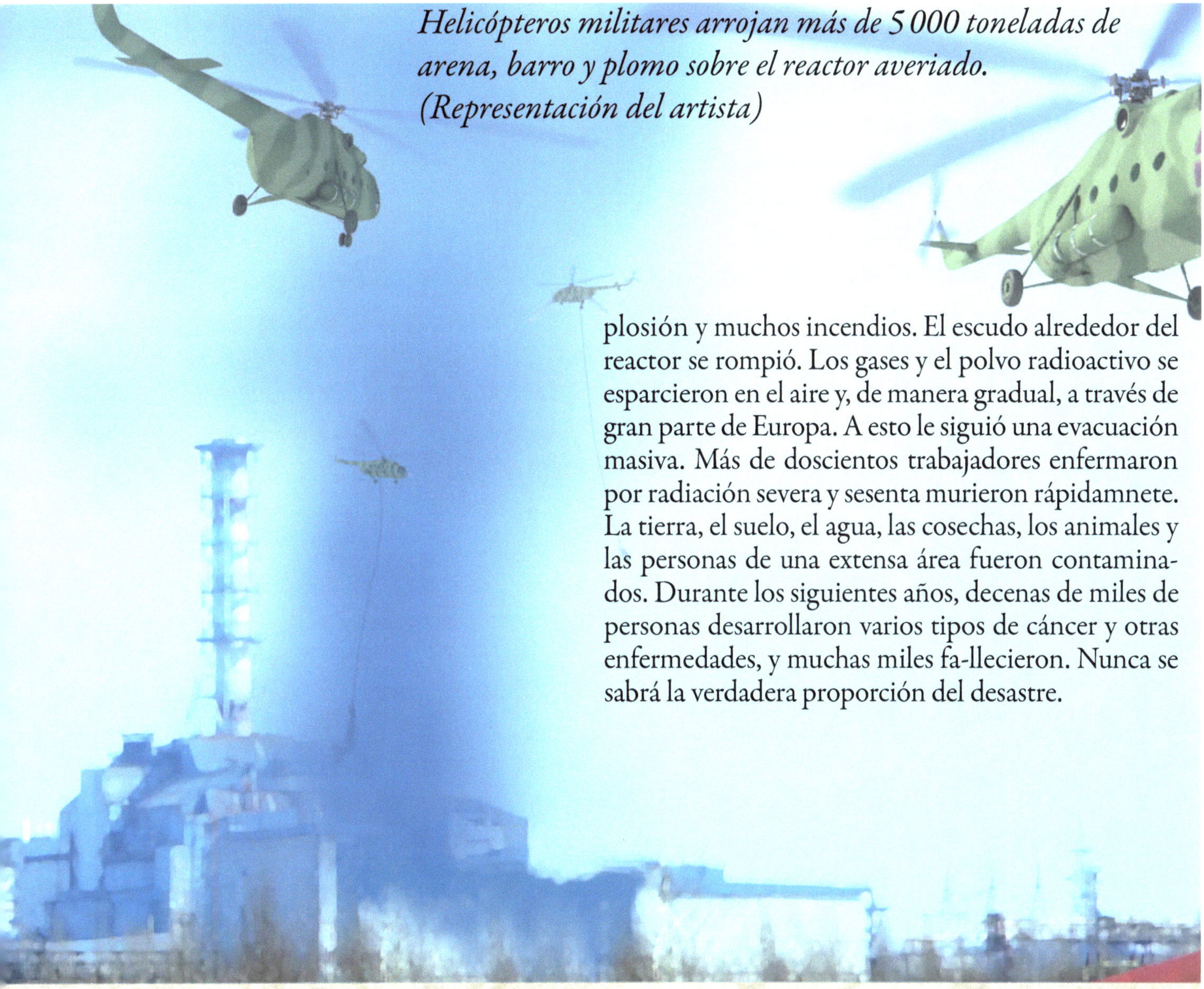

Helicópteros militares arrojan más de 5 000 toneladas de arena, barro y plomo sobre el reactor averiado. (Representación del artista)

plosión y muchos incendios. El escudo alrededor del reactor se rompió. Los gases y el polvo radioactivo se esparcieron en el aire y, de manera gradual, a través de gran parte de Europa. A esto le siguió una evacuación masiva. Más de doscientos trabajadores enfermaron por radiación severa y sesenta murieron rápidamnete. La tierra, el suelo, el agua, las cosechas, los animales y las personas de una extensa área fueron contaminados. Durante los siguientes años, decenas de miles de personas desarrollaron varios tipos de cáncer y otras enfermedades, y muchas miles fa-llecieron. Nunca se sabrá la verdadera proporción del desastre.

La ciencia de la energía nuclear

El reactor produce agua sobrecalentada, la cual pasa su calor a través de un intercambiador hacia un segundo circuito (para mantener la radioactividad sólo en el primer circuito). El agua en el segundo circuito hierve hasta formar vapor a alta presión, el cual sopla contra las hojas angulares de una turbina, haciéndolas girar. El movimiento giratorio pone en funcionamiento los generadores de electricidad. Entonces, los transformadores incrementan el voltaje (fuerza de empuje) de la electricidad para enviarla a través de cables de corriente de larga distancia.

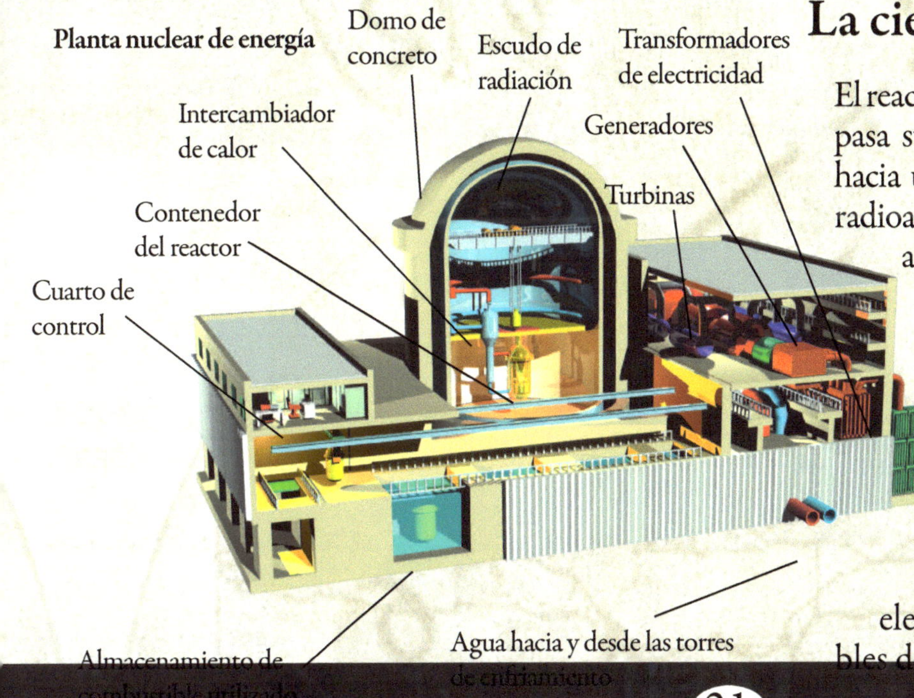

La ciencia de los submarinos

Un submarino posee una flotabilidad ajustable. Para ascender, se bombea aire al interior de los tanques de lastre y se desplaza el agua. Todo el submarino se vuelve más ligero y asciende. Al dejar salir el aire se sumerge.

22

Desastre submarino

Los submarinos militares son el "servicio silencioso". Se escurren por todos los océanos del mundo, siempre listos para entrar en acción. Pero en agosto de 2000, la pérdida del *Kursk,* de Rusia, llevó a los submarinos al centro de las noticias mundiales.

El *Kursk* era un submarino nuclear conocido como Oscar Class 2. Medía 154 metros (505 pies) de largo, pesaba más de 15 000 toneladas, transportaba una tripulación de ciento doce personas y podía sumergirse a 1 000 metros (3 300 pies). Sus armas incluían veinticuatro misiles de crucero y muchos torpedos.

El 12 de agosto de 2000, el *Kursk* estaba tomando parte en una batalla simulada con otros barcos rusos. En el cuarto de torpedos localizado al frente, la tripulación cargó un torpedo falso (sin explosivos) en el tubo 4, listo para ser disparado. Pero el torpedo estaba viejo y oxidado. Un poderoso elemento químico en su interior, el peróxido de hidrógeno, se utilizaba como un oxidante para quemar el combustible de queroseno (ya que no existe oxígeno bajo el agua). Esto encendía una turbina que hacía girar los propulsores del torpedo. El peróxido de hidrógeno se fugó e hizo reacción con los metales y el óxido, creando gases de alta presión. Estos gases rompieron el tanque de queroseno y éste se incendió con el oxidante. La repentina explosión hizo volar la compuerta del torpedo, permitiendo la entrada de agua. El submarino, ahora con la nariz pesada, se inclinó hacia adelante y comenzó a hundirse en el agua casi congelante. Al pegar en el lecho del mar, a 108 metros (355 pies), una explosión mucho más grande abrió más compartimentos herméticos. Esta explosión fue provocada por siete torpedos más que estallaron. Algunos de los tripulantes sobrevivieron en el compartimento trasero del submarino, pero al fallar la energía, fallecieron por falta de aire y por el frío. Sus cuerpos y la mayor parte del *Kursk* fueron finalmente rescatados al año siguiente.

Al igual que muchos barcos, el *Kursk* tenía compartimentos herméticos en su interior. La primera explosión permitió la entrada de agua en el compartimento frontal y envió una ola expansiva al siguiente compartimento, lesionando a la tripulación que ahí se encontraba. La segunda explosión dañó más compartimentos y fue tan potente, que algunos equipos científicos a cientos de kilómetros de distancia la registraron como un pequeño sismo. El compartimento nuclear resistió los daños y los reactores se cerraron automáticamente de manera segura.

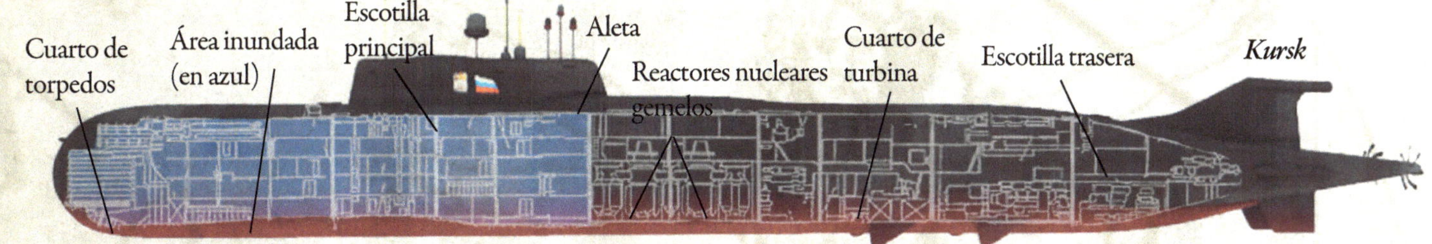

Colapso de edificio

Cada par de años, un nuevo rascacielos alcanza el récord del edificio más alto del mundo. La Torre Norte del World Trade Center conservó el récord de 1971 a 1973. En 2001, esta torre y su gemela fueron destruidas por ataques terroristas.

La Torre Norte del World Trade Center tenía una altura de 417 metros (1 368 pies), tan sólo 2 metros (6 pies) más alta que la Torre Sur. En un día regular de entre semana, los ciento diez pisos de cada torre albergaban a veinticinco mil trabajadores y a cien mil visitantes.

Los ataques de Al Qaeda tuvieron lugar el 11 de septiembre de 2001 ("9/11"). Los terroristas secuestraron algunos aviones de pasajeros. El vuelo 11, un Boeing 767 de American Airlines, fue estrellado contra los pisos del 93 al 99 de la Torre Norte, a las 8:46 a. m. Otro Boing 767 de United Airlines, el del vuelo 175, se estrelló contra los pisos del 77 al 84 de la Torre Sur un poco después, a las 9:03 a. m. Ambos aviones, provenientes de Boston, estaban cargados de combustible que provocó varias explosiones e incendios. Decenas de miles de personas quedaron atrapadas. La Torre Sur se colapsó a las 9:59 a. m. y la Torre Norte la siguió a las 10:28. Cada una de las torres tuvo una falla en la zona de impacto debido al intenso calor, debilitando especialmente las uniones entre los entramados de los pisos y la estructura del **perímetro** externo. Al parecer, cuando los pisos se rompieron, empujaron el perímetro hacia adentro. La parte superior de cada torre, que no presentaba daños, cayó casi en línea recta, derribando la parte inferior piso por piso. Hubo más de 2 750 víctimas, incluyendo las tripulaciones de los aviones, los pasajeros, personal de las torres, visitantes, bomberos, trabajadores de emergencia y diez secuestradores.

La ciencia de los rascacielos

Las dos torres del World Trade Center tenían un diseño conocido como estructura de marco tubular. Había mucha fuerza en las cuatro paredes externas, cada una de 63 metros (208 pies) de largo, con cincuenta y nueve columnas de acero y paneles de vidrio estrechos con una angostura de 45 centímetros (18 pulgadas) entre ellas. El núcleo de las cuarenta y siete columnas de acero y concreto reforzado medía 41 por 27 metros (135 por 87 pies). Éste albergaba los elevadores, las escaleras, los baños y las instalaciones de servicios como agua, electricidad, conductos de basura y aire acondicionado.

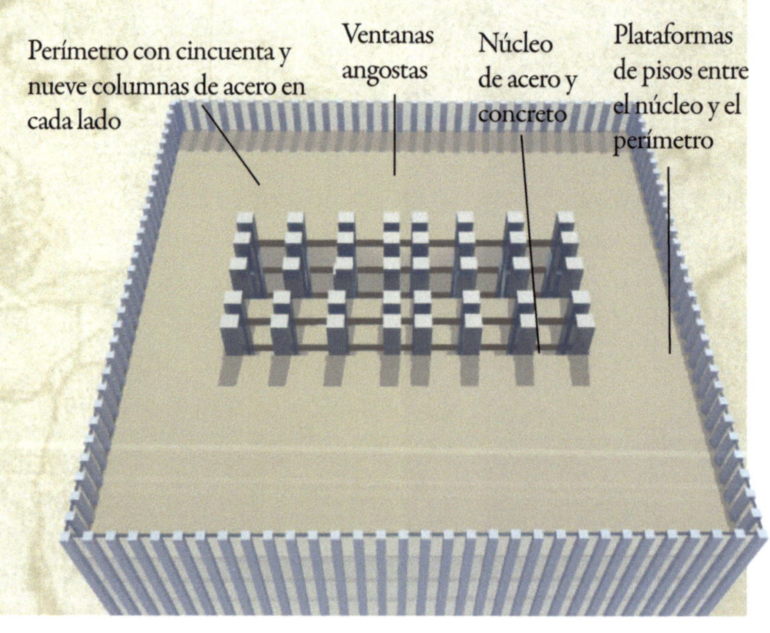

La segunda aeronave secuestrada se
aproxima a la Torre Sur.
(Representación del artista)

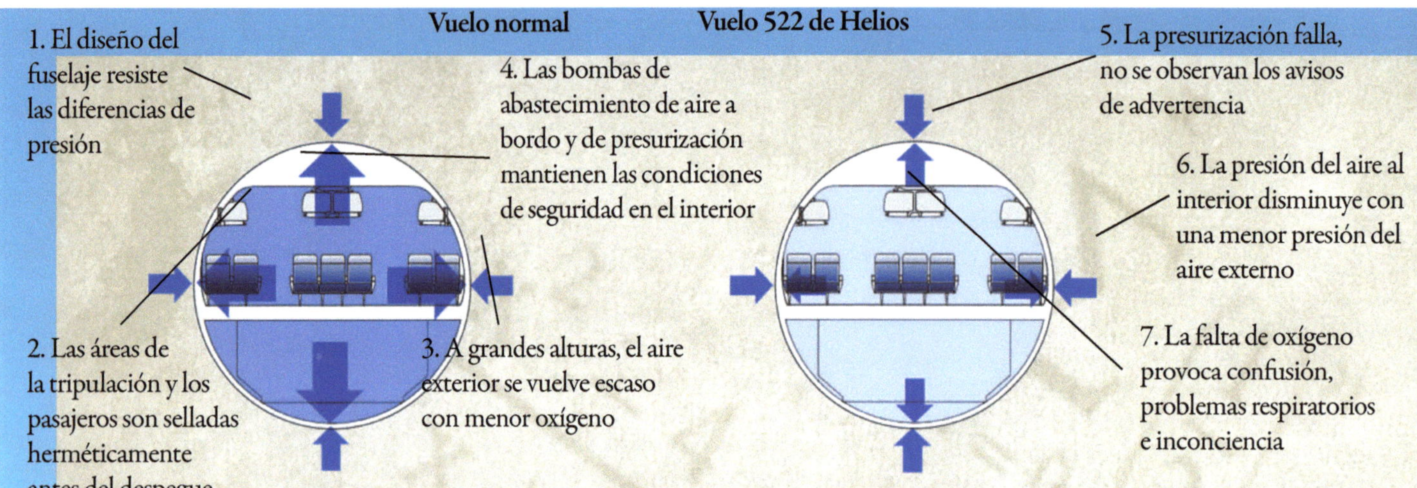

La ciencia de la presión atmosférica

La presión del aire o presión atmosférica es la fuerza de presión que se ejerce sobre un objeto hacia todas direcciones, debido al peso del aire que existe sobre el objeto y que se extiende a 100 kilómetros (60 millas) sobre la superficie de la Tierra. A mayor altura o altitud, el aire se vuelve más escaso o ligero (menos denso). Esto significa que contiene menos oxígeno, el gas que debemos respirar para mantenernos con vida. Los grandes aviones, como los jets de pasajeros, poseen un sistema de presurización en la cabina. El aire al interior se mantiene a una presión agradable que es igual a una altitud de 1 520 a 2 130 metros (5 000 a 7 000 pies). A menor presión, hay menor disponibilidad de oxígeno, lo que lleva a una **hipoxia**. El cuerpo no respira. El cerebro no trabaja adecuadamente y se presenta un extraño comportamiento, decisiones extrañas, sensaciones imaginarias, mareo y pérdida de la conciencia.

Dos pilotos de F-16 Falcon intentan averiguar qué es lo que sucede con el vuelo 522 de Helios, el "avión fantasma". (Representación del artista)

Choque de avión de pasajeros

Durante más de una hora, el Boeing 737 del vuelo 522 de Helios Airways voló en círculos esperando poder aterrizar en Atenas, Grecia. Sin embargo, no había nadie manejando los controles. Poco después, se le terminó el combustible y se estrelló.

El vuelo de Helios salió de Chipre a las 6:07 a. m., el 14 de agosto de 2005, con ciento quince pasajeros y seis tripulantes. Este avión en particular había sido revisado varias veces por problemas en su sistema de presurización y compuertas. Un ingeniero de tierra cambió el sistema de presurización al modo "manual" para llevar a cabo una prueba, pero ya no lo restableció al modo "automático". Aparentemente, la tripulación no percibió esto en sus revisiones antes del vuelo y otras más. Cuando el avión despegó, la presión al interior disminuyó, con una menor cantidad de oxígeno. La falta de oxígeno provoca que el cerebro actúe sin coherencia, de modo que los pilotos no se dieron cuenta de lo que estaba sucediendo. Sus conversaciones por radio con la torre de control y los ingenieros de tierra se hicieron más confusas. Las mascarillas de oxígeno de la cabina fueron liberadas, pero los pilotos poco a poco fueron perdiendo la conciencia. Dos jets de combate F-16 de la Fuerza Aérea Griega se aproximaron y observaron que el asiento de uno de los pilotos estaba vacío y el otro piloto estaba inconsciente. El piloto automático mantuvo al avión en un patrón de espera para aterrizar. Un miembro de la tripulación intentó tomar el control, pero en ese momento, a uno de los motores se le terminó el combustible y después al otro. A las 12:04 p. m., la aeronave se estrelló contra una montaña a 40 kilómetros (25 millas) de Atenas. Los ciento veintiún pasajeros a bordo fallecieron.

Sin advertencia alguna, la plataforma del puente I-35W se colapsa y se viene abajo durante la tarde, en la hora de mayor tránsito. (Representación del artista)

La ciencia de los puentes

Cada diseño de un puente está adaptado a cierta longitud, altura sobre el valle y tipos de rocas y soportes en cada extremo. Un puente de viga puede tener soportes al centro. Un puente apuntalado tiene forma de caja y generalmente cuenta con vigas diagonales que forman

Colapso de puente

La tarde en la ciudad puede ser frustrante a la hora de mayor tránsito, con vías congestionadas y avance a paso de tortuga. Pero cualquier congestionamiento vehicular es preferible a la desastrosa falla en el puente I-35W del Río Mississippi, el 1 de agosto de 2007.

Todos los puentes están diseñados con estrictas normas, de modo que puedan sostener peso como el de los camiones pesados y presión como el de los feroces vientos, con fuerza de sobra. En el centro de Minneapolis, Minnesota, el puente de ocho carriles I-35W del Río Mississippi, en el que transitaban ciento cuarenta mil vehículos diariamente que circulaban por la carretera Interestatal 35W. Tenía una longitud de 580 metros (1 907 pies) con un diseño combinado de arco y apuntalado. De pronto, a las 6:05 p. m., la parte central se colapsó, seguida de sus soportes laterales. Aproximadamente cien vehículos circulaban en él; todos ellos cayeron al río, lo que dejó un resultado de trece muertos y ciento cuarenta y cinco heridos.

Una detallada investigación ayudó a explicar el colapso. El puente estaba repleto de autos que circulaban lentamente; pero estaba diseñado para eso. Sin embargo, durante los años anteriores, se agregaron dos carriles y 5 centímetros (2 pulgadas) de asfalto lo que había añadido mucho peso. Además, sobre el puente había más de 250 toneladas (227 toneladas métricas) de vehículos y equipo de construcción, como arena y agua. Este peso adicional ejerció presión sobre las partes llamadas **cartelas**, que se utilizan para unir las vigas de acero. De tan sólo 12 milímetros (1 pulgada) de grosor, éstas cedieron con el sobrepeso.

Después de un agitado, pero cuidadoso programa de construcción, el reemplazo, el puente I-35W de las Cataratas de San Antonio, se inauguró en el mismo sitio, un año después, en septiembre de 2008.

triángulos resistentes a la presión. La curvatura de un puente en arco transmite la fuerza alrededor y hacia los soportes de los extremos. (El puente I-35W del Río Mississippi combinaba los diseños de viga y arco.) Un puente atirantado cuenta con torres altas o postes con cables unidos al puente y al banco, los cuales tiran con la misma fuerza en direcciones opuestas. La plataforma —la parte que contiene las vías peatonales, la autopista, las vías ferroviarias o ambas— del puente colgante pende de dos enormes cables de acero que son tensados entre postes.

Mapamundi de desastres

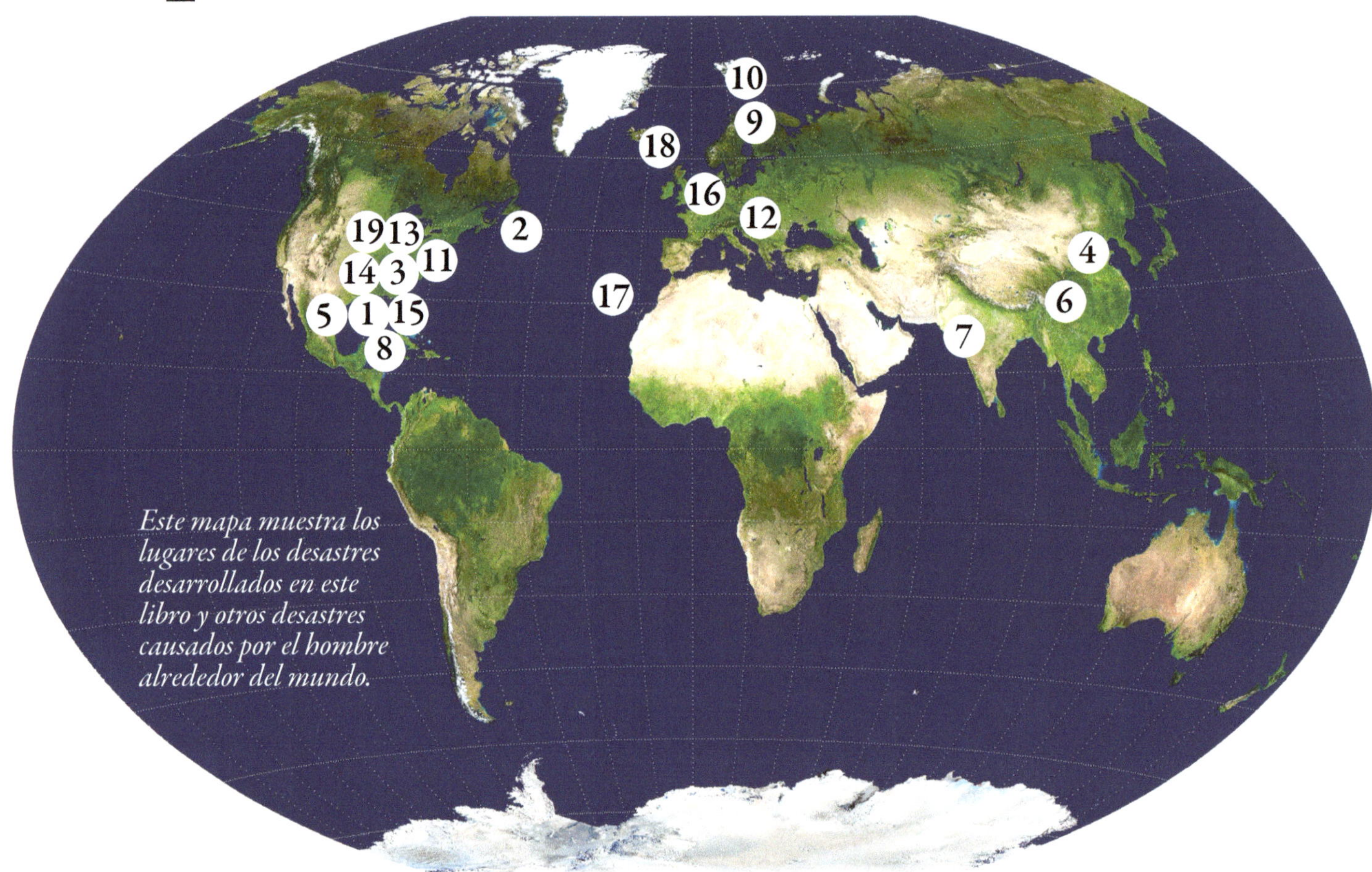

Este mapa muestra los lugares de los desastres desarrollados en este libro y otros desastres causados por el hombre alrededor del mundo.

1. Explosión en el patio de maniobras de la Southern Pacific, Texas, Estados Unidos, 1912

2. Naufragio del *Titanic*, noroeste del Atlántico, 1912

3. Incendio del dirigible *Hindenburg*, Nueva Jersey, Estados Unidos, 1937

4. Tragedia en la mina de carbón Benxihu, noreste de China, 1942

5. Explosión industrial en la Ciudad de Texas, Estados Unidos, 1947

6. Falla en la presa de Banqiao, centro-este de China, 1975

7. Fuga de gas tóxico en la Union Carbide, Bhopal, India, 1984

8. Explosión del transbordador *Challenger*, despuegue de Florida, Estados Unidos, 1986

9. Accidente nuclear en el reactor de Chernobyl, Ucrania, 1986

10. Desastre del submarino *Kursk*, en el Mar de Barents, 2000

11. Colapso de las Torres Gemelas del World Trade Center, Nueva York, Estados Unidos, 2001

12. Accidente del vuelo 522 de Helios Airways, Grecia, 2005

13. Colapso del puente I-35W del Río Mississippi, Minneapolis, Estados Unidos, 2007

14. Fusión del núcleo de Three Mile Island, Pennsylvania, Estados Unidos, 1979

15. Desintegración del transbordador *Columbia* al reingresar sobre Texas, Estados Unidos, 2003

16. Descarrilamiento de tren, Modane, Francia, 1917

17. Colisión de aviones en la pista del aeropuerto de Tenerife, Islas Canarias, 1977

18. Colapso del puente ferroviario de Tay, Escocia, 1879

19. Gran Incendio de Chicago, Estados Unidos, 1871

Glosario

carbaril. Químico que se utiliza generalmente como insecticida tanto en granjas como en parques, patios y jardines.

cartelas. Pequeñas láminas de material resistente, generalmente metal, que unen otras piezas, como vigas largas y delgadas.

combustión espontánea. Cuando algo se prende o incendia por sí solo, sin la presencia de una chispa o flama.

compuertas. Aletas o puertas que se abren para permitir la entrada de una sustancia, como el agua, a través de un canal o tubería, y se cierran para contenerla.

electricidad estática. Carga eléctrica que se mantiene en un objeto hasta que repentinamente se mueve o se descarga, por lo general, a través de una chispa.

elevadores. Las superficies horizontales que ascienden y descienden en una aeronave, con el fin de controlar la elevación o el descenso.

flotabilidad. Tanto si un objeto es más ligero o menos denso que el fluido que lo rodea (como aire o agua) y flota, o es más pesado y se hunde.

hipoxia. Falta de oxígeno en el cuerpo.

inflamable. Que puede encenderse o incendiarse con facilidad.

mecanismo de movimiento alternativo. Moverse de de un lado a otro o de adelante hacia atrás alternadamente.

núcleo. El centro o la parte media. El núcleo de un átomo es su parte central y se encuentra formada por partículas llamadas *protones* y *neutrones*.

oxidante. Sustancia que proporciona el oxígeno necesario para la combustión, generalmente cuando el lugar carece de oxígeno, como el espacio o bajo el agua.

perímetro. Borde exterior o lindero de una superficie.

propelente. Sustancia que proporciona la fuerza o que impele al movimiento, generalmente a través de la combustión.

timón. En una aeronave o embarcación, las superficies verticales que se mueven lateralmente, para girar hacia izquierda o derecha.

tóxico. Nocivo o dañino para los seres vivos.

turbina. Barra o eje (varilla larga) con aspas angulosas, como en un ventilador eléctrico. Ésta gira cuando un fluido a alta presión, como vapor, aire o agua, fluye a través de las aspas.

varillas de regulación. Barras colocadas en el centro de un reactor nuclear para absorber la energía indeseada en una fisión nuclear.